仏教なるほど相談室

真城義麿 著
mashiro yoshimaro

東本願寺出版

はじめに

今、私たちは生活のなかで宗教を身近に感じることが少なくなったような気がします。しかし、日本では、誕生から葬儀まで、さらにその後も節目ごとに宗教（仏教）との関わりをもち、その時間や場を大切にしてきた歴史があります。その歴史は、親や祖父母から教えられ、受け継がれてきたものですが、昨今の時代状況や家族構成の変化のなかでその機会は失われつつあり、仏教の習慣や仏教語についても、少しは知っていても、その内容や意味がよくわからないという人も多いのではないでしょうか。

そこで、日常生活のなかで出てくる青少年の素朴なギモンにできるだけわかりやすく答える「仏教なんでも相談室」（月刊誌『同朋《どうぼう》』２０１６年７月号〜

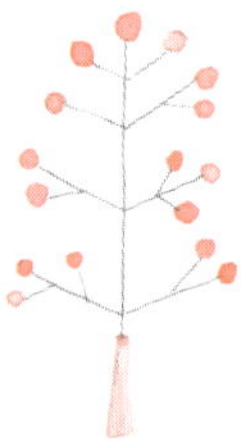

2019年6月号・東本願寺出版発行）の連載が始まりました。本書は、その連載を単行本化したものです。仏教に関するあらゆる事柄を網羅《もうら》しているわけではありませんが、「ふむふむ。なるほど」と頷《うなず》いてくださる項目や、「そうだったのか」と膝《ひざ》を打つページもあるかと思います。

「今さら、親や他人に聞くのも」と、何となく曖昧《あいまい》にしていたことや、誰に聞いていいかわからないこと、念のため確かめたいこと、単純にわからないことなどに答えています。もちろん、ここに書かれていることが「正解」で、これ以外は認められないというわけではありません。あくまで筆者の考えを示させてもらったものです。この本を読んで興味や関心をもったら、さらにいろんな場へ足を運んでお話を聞いたり、本を読んだりしてほしいと思います。

人間を見つめ、存在することの意味を確かめ、与えられる環境やご縁を、大切なこととしてごまかさずに引き受けていける教えが仏教です。その仏教は、「財力・権力・体力・知力・家庭環境等々がいかにレベルアップされても解決できない問題がある」という、ゴータマ・シッダッタ（後のブッダ、お釈迦《しゃか》さま）という一人の青年の問いから始まりました。ゴータマは、財力等の向上の道を棄《す》てて出家《しゅっけ》し、さまざまな師から学び、苦行に堪《た》え、またそれらをも離れて、自らの心の内と外を徹底的に見抜き見通して、「縁起《えんぎ》の法」という真理《しんり》に到達しました。そこから現実の課題とその因・縁を明らかにし、目指すべき目的地とそのための具体的実践を示されたのです。

問うことから始まるのです。ただ通り過ぎたり、「あたり前」とせず、問うことを大切にしてほしいと思います。

この本が、そういう仏教への入り口になればと願っています。

真城義麿

仏教なるほど相談室　もくじ

2 宗教のギモン

3 真宗のギモン

4 まだまだあるある　みんなのギモン

1 仏教のギモン

仏教のギモン 1

いろんな仏像があって、どれも「仏さま」と言っていますが、それならお釈迦《しゃか》さまや、阿弥陀《あみだ》如来《にょらい》、ブッダなどは、同じ仏さまですか?観音《かんのん》さまや、お地蔵《じぞう》さま、お不動《ふどう》さまなどはどうですか?

仏教にはいろいろな宗派《しゅうは》があり、さまざまなお寺にたくさんの「仏さま」がおられます。真宗の寺院に安置されているのは阿弥陀如来《あみだにょらい》ですが、他の宗派では、釈迦《しゃか》如来・大日《だいにち》如来・薬師《やくし》如来、観音菩薩《かんのんぼさつ》・地蔵《じぞう》菩薩、不動明王《ふどうみょうおう》、あるいは帝釈天《たいしゃくてん》・梵天《ぼんてん》などの仏像が、お堂に安置されています。また、亡き人を「諸仏《しょぶつ》」や「仏さま」と呼ぶこともあります。

今から二千五百年ほど前、インド北方でゴータマ・シッダッタという名の釈迦族の王子が真理《しんり》に目覚めてブッダ（仏陀・仏）となられ、この方が人々に語った教えが仏教となりました。釈迦牟尼《むに》（釈迦族出身の聖者）や釈尊《しゃくそん》と呼ばれています。いわゆる「お釈迦さま」です（88頁参照）。

そのブッダとなった釈尊が、人々の苦悩に応じて語った言葉（経《きょう》典《てん》）のなかに、阿弥陀仏（阿弥陀如来）・大日如来・薬師如来など、さまざまな仏（如来）が登場してくるのです。

阿弥陀如来は、現在も極楽浄土《ごくらくじょうど》で説法《せっぽう》をしているといわれ、すべてのいのちあるものを救うと約束された仏です。大日如来は、宇宙そのものと一体の法（真理）を人格化したと考えられる仏です。薬師如来は衆生《しゅじょう》（いのちあるすべてのもの）の病苦を救うとされています。「如来」とは仏の異名ですが、言葉や形で表せない真如《しんにょ》（覚《さと》りの世界）から私たちを導くためにはたらきかけて来られたお方として「如来」と言います。

観音菩薩などの「菩薩」は、覚りを求めている方が仏になる前の段階で、衆生の救済にあたります。地蔵菩薩、文殊《もんじゅ》菩薩、勢至《せいし》菩薩、弥勒《みろく》菩薩、虚空蔵《こくうぞう》菩薩、普賢《ふげん》菩薩、日光《にっこう》菩薩、月光《がっこう》菩薩などが有名です。

不動明王などの「明王」は、「仏の智慧を身につけた偉大な人」の意味で、仏教に帰依《きえ》しない者に怒りの表情で迫っています。

梵天《ぼんてん》や四天王《してんのう》など「天」は仏教の守護神で如来の周りに配置されます。

また、阿弥陀如来の本願《ほんがん》（無条件に救うという願い）のはたらきによって浄土に往生《おうじょう》された方々は、そこで成仏《じょうぶつ》して「諸仏《しょぶつ》」の仲間入りをされます。この方々も「仏さま」と呼ばれます。

仏教のギモン 2

お葬式《そうしき》や法事《ほうじ》では、なぜ「お経《きょう》」をとなえるのですか？　何を言っているか意味がわからないし、長くて退屈…。ずっと正座していると足が痛くなります。

お葬式やご法事で、私たちが手を合わせる先を「ご本尊《ほんぞん》」といいます。木像《もくぞう》や絵像《えぞう》の仏像《ぶつぞう》であることが多いですが、名号《みょうごう》（「南無阿《なむあ》弥陀仏《みだぶつ》」「帰命尽十方無碍光如来《きみょうじんじっぽうむげこうにょらい》」など）という仏さまのお名前を書いた掛《か》け軸もあります。「ご本尊」とは、文字どおり「本当に（根本的に、本来的に）尊いということ」です。その前で合掌《がっしょう》するということは、私たちが生きていく上で、最も大事にすべきことは何かということを問い返し確かめ直す営《いとな》みです。

しかし、「自分の人生において、本当に大事にすべきことは」と問われても、考えれば考えるほど、自分に都合の良いことばかりを考え出すことにしかなりません。つまりは、私たち人間の知恵で考えても、本当のことはわからないのです。わからないままに生きていこうとすると、生活の隅から隅までが「とりあえず」になります。

「とりあえず今だけは」、「とりあえずお金を」、「とりあえず自分と家族だけは」、「とりあえず健康に」、「とりあえず進学を」という調子ですね。

では、本当に（根本的に、本来的に）尊ぶべきことをどう知るのか。それは知った人（真実に目覚めた人・ブッダ）の言葉にふれるしかありません。それが「お経《きょう》」です。ただ、現在日本で読誦《どくじゅ》（音読）されている「お経」は、インドで編集されたブッダの言葉が、中国語に翻訳されたものです。ですから、聞いていてもそのままでは意味がわかりません。しかし、説明を聞き、意味がわからなければ、それは意味のない無駄なことなのでしょうか。

大切な方の仏事で、家族そろってご本尊に礼拝《らいはい》し、わからないまま声に出して読経《どきょう》することであっても、読経中に感動するようなことはありませんか？　そのとき、意味はわからなくても、何か大事なことを共有しているのではないでしょうか。

かつては、法話《ほうわ》などでお経の内容を聞くなかで、「あのことが説かれているのだな」と確かめながら読経に接していました。しかし、現在は生活のなかで法話を聞くことも少なく、ほとんどの家庭で仏教の教えが語り伝えられることがなくなってしまいました。ですが、今はわからなくても、静かに亡き人を偲《しの》び自分を振り返る時間として、僧侶《そうりょ》の読経する声に耳を傾けてみてください。また、できるかぎり法話を聞く場に身をはこんでいただきたいと思います。

そして、東本願寺出版からもお経の内容をいろいろと教えてくれる本が出ていますので、興味をもって読んでみてください。

仏教のギモン 3

仏教の儀式では必ず「合掌《がっしょう》」がありますが、なぜ合掌するのですか？

合掌は、インド起源の挨拶・礼拝《らいはい》の仕方です。相手と真向かいに対面して、両手の手の平を胸の前で合わせ、頭を下げます。敵意がないことを示し、相手への敬意を表す仕草《しぐさ》です。現在もインドでは、朝でも日中でも夜でも、出会ったときは合掌して「ナマステ」と言います（ほかにもアジア諸国に合掌の習慣があります）。また、世界中で、僧侶や仏教徒は仏への帰依《きえ》（支えとして信頼すること）や尊敬の形として、礼拝をする際に合掌します。

インドでは人間の右手は清らかさとか神聖の象徴とされ、左手は不浄を代表すると考えられましたので、両手を合わせることは、浄《じょう》穢《え》・清濁《せいだく》・善悪《ぜんあく》・好悪《こうお》・正邪《せいじゃ》等のどちらか一方ではなく、両者を合わせもつ、ありのままの自分で相手にお会いするということになります。

自分のなかにある素直で明るく澄んだ面と、濁《にご》った邪悪な恥ずかしい面と、どちらも持ち合わせていることに気づいて、それぞれをよく見つめてそういうものを抱えた自分をちゃんと認めた上で、自分に出遇《であ》い直すことが大切です。

さまざまな宗教において、胸の前で両手を合わせることがあります。指を交互に組む形もあります。実際に胸の前で合掌してみると、リラックスして、何ともいえない安心感のようなものを感じませんか。心臓をはじめとする身体にとっての大事なところを守るというはたらきもあるのかもしれません。

私たちは、お墓やお内仏《ないぶつ》（仏壇《ぶつだん》）の前で合掌しますし、食卓では食前・食後に合掌します。また、謝るときや頼み事をするときにも合掌することがあります。

人間の営みを超えた何かに出会ったとき、目には見えないはたらきを感じ、感謝せずにはいられないようなときに、思わず合掌することがあるのではないでしょうか。あたり前でなかったのだと。また、お内仏やお墓の前で合掌すると、亡き人と対話ができるような気がしますね。あるいは、忙しい日常生活に紛《まぎ》れて見失っていたことや、忘れていた我に帰って冷静に自分を振り返ることができます。

自分のうちにある相反する思いや感情・心の傾きを、どちらかに偏《かたよ》るのでなく、ありのままの素直な自分として、合掌する機会を大切にしたいものです。

仏教のギモン4

「さとりを開く」という言葉がありますが、「さとり」ってどういうことをいうのですか？　さとりを開けば、何にも悩まなくて幸せになるのですか？

仏教は、インド北方の小さな国の王族の青年の問いから始まりました。彼は経済的に恵まれ、社会的に高いポジションが約束され、健康で、豊かな知識をもっていました。しかし、それらがどんなにハイレベルで実現しても、人間が生まれ老い病《や》み死していくことへの苦悩は解決されないことに気づき、その解決を目指して城を出て、師を訪ねて学び、瞑想《めいそう》や修行《しゅぎょう》を実践し、ついに35歳の12月8日未明に、真実に目覚めたと伝えられます。

それは、世界をありのままに正しく（分けず偏《かたよ》らずに）見ると、あらゆる存在や現象は関係し合って成り立っており、可能性（因）が出会いや他との関係（縁）によって結果となるという真理《しんり》を見抜かれたのです。これによって、人間の苦悩のありさまを正しく知り、苦のもと（因縁《いんねん》）を見極め、解決された状態を明らかにし、その実現への実践方法を示されました。

さとりを開いて人間の根本的苦悩が解決されるとは、人間がどんな境遇《きょうぐう》にあっても、安心して尊く生きていくことができ、安心していのちを終えていける、そういう生き方に目覚めるということでしょう。「生きていける」ためには、いつでもどんなときでも安心できる確かな支え（居場所）と、向かうべき未来が必要です。そのことに出遇《あ》い、目覚め、そこに足を置いて歩み出すことを「さとり」と表現したのではないでしょうか。

仏教僧に出遇った正岡子規《まさおかしき》は、「さとりという事は如何《いか》なる場合にも平気で死ぬる事かと思って居たのは間違いで、さとりという事は如何なる場合にも平気で生きて居る事であった」（『病牀六尺』）と書いています。つまり苦悩の人生をごまかさず引き受けていけるということです。

また、「さとり」は本来「覚り」と書きます。つまり目覚めることです。闇（無明《むみょう》）から解放され、自分を、世界を、その関係を正しく見ることができるようになることですが、それは身体と心と頭を総動員し、さらにそれを超えたところでのことでありますので、実は説明できないことです。私たちの言葉による知識や理論を積み上げげて到達しようとしても届きません。しかし、覚りを得た人の言葉にふれ、その生き方に共感した人がいて、その人から人へと、覚りは今日の私たちのところまで届いているのでしょう。

仏教のギモン 5

お坊さんが、滝に打たれたり、お祈りをしながら山道を歩き続ける様子をテレビで見かけることがあります。やっぱり厳しい修行《しゅぎょう》をたくさん積んだ人が、立派なお坊さんなのですか？

仏教修行の進み方としてよく知られているのは、戒学《かいがく》・定学《じょうがく》・慧学《えがく》の「三学《さんがく》」によって、覚《さと》りに近づいていくことです。まず「戒」は基本的生活を整えること。つまりは、身口意（行為・語り・こころ）についての悪い行為を止め、善い行為の実践を習慣とすることです。「定」は意識や心が散乱しないように安静にして集中すること。基点がぶれないようになることです。「慧」は、ものごとを正しく観察して真実を見極めることです。

お坊さんの具体的実践としては、まず出家《しゅっけ》して戒律を守って生活する。そしてさまざまに精神集中のための修行や禅定《ぜんじょう》（瞑想《めいそう》）をする。そして学問を修めて煩悩《ぼんのう》の正体を見抜き、真実に近づいていくという形で、三学が修められます。しかし実際に生活し始めると、それを妨げる「煩悩《ぼんのう》」に悩まされることになります。そのまとわりついて克服が困難な煩悩を振り切るために、さまざまな厳しい修行が設定されていきます。また肉体への苦痛が続くと、それを緩和するために快感ホルモンが分泌され、場合によっては、煩悩が消えて心が清らかになり、精神のレベルが高まったような心境を体得したように感じることもあるようです。お坊さんでなくても、悩みや迷いを吹っ切るために、ひたすら走ったり、夢中で肉体的作業を続けたりすることがありますね。

私たちはどうしても、ものごとを量的に考える傾向がありますので、修行の厳しさと期間や回数の多少によって、効果や成果が変わるように思いますが、本当にそうでしょうか。お釈迦さまは、厳しすぎる苦行《くぎょう》は一つの極端であって、それによっては真実の目覚めには到達できないと、苦行を退《しりぞ》けられました。極端から離れて、健全な心身がバランスよくはたらいてこそ、自分の心の内や外の世界を、ありのままに正しく見抜くことができると教えられました。

戒・定・慧という素晴らしい教えがあるのに、この私は、「戒」の一つも守れない凡夫《ぼんぶ》の身であり、猿山の猿のように飛び回り散り乱れる心しかなく、物事の道理がわからずその自覚もない、三学にほど遠いのが現実であると、自己を厳しく見つめた法然《ほうねん》や親鸞《しんらん》は述べています。だからこそ、阿弥陀仏《あみだぶつ》の本願《ほんがん》（無条件に救うという願い）のはたらきで浄土《じょうど》に往生《おうじょう》させていただいて、そこで三学を修して覚りを開くべきであると、教えてくれているのです。

ただ、何もせずに修行を批判するような態度は慎まねばなりません。

仏教のギモン 6

私の家にお参りに来るお坊《ぼう》さんは、髪の毛を剃《そ》っていません。お坊さんはつるつる頭じゃなくてもいいのですか？

かつて丸刈りを「坊主頭《ぼうずあたま》」という言い方があったように、一般的に「お坊さん」のイメージは、髪の毛を剃って衣を着ている姿でしょう。「お坊さん」という言葉は、僧坊（お寺）の主《あるじ》のことで、「御坊さま」といって、もともとお寺の住職などへの尊称だったのが、「お坊さん」となじみやすい言い方で僧侶の総称となったのです。

そもそもなぜ出家《しゅっけ》する際に剃髪《ていはつ》（髪の毛を剃り落とす）するのでしょうか。これはお釈迦《しゃか》さまの時代からと言われますが、髪の毛は煩悩《ぼんのう》につながるとの考え方があったようです。宗派によっては剃髪の際に、この毛髪と共に煩悩が脱落しますようにと『剃髪偈《げ》』を唱《とな》えながら剃髪してもらうということもあります。刈っても刈っても生えてくる髪は煩悩の象徴と考えられ、また剃髪のたびに新鮮な気持ち、大袈裟《おおげさ》に言えば生まれ変わるような気持ちになるということもあります。

「出家」とは、「家」を中心とした価値観、すなわちお金を儲《もう》け出世し、家族を養い家系の存続をはかるというような、そういう価値観で生きていくことから解放されるということです。かつては、髪型で身分を表す、つまり頭髪（冠も含めて）は社会的地位の象徴で、剃髪はそういう世界からの解放を表す面もあります。

親鸞《しんらん》は、自分は「非僧非俗《ひそうひぞく》」として生きると、妻帯もして僧俗にとらわれない宗教者としての生活を追求されました。それを受けて、浄土真宗では僧侶の姿として、必ずしも常に剃髪が求められるということはありません。ただ、浄土真宗でも得度《とくど》式（僧侶になる儀式）の際には、男性は一度剃髪します。その後は、本人の選択に任されています。それは、戒律を守る完全な出家生活者ではなく、在家《ざいけ》生活をしながら仏教の儀式の執行と教えを広める専門職という役割をはたしているのです。形式以上に「生き方」としてのお坊さんと言ってもいいでしょう。もちろん、宗派によっては戒律として剃髪が義務づけられている場合も多くあります。

さらに、法名《ほうみょう》（仏弟子としての名）をいただき仏教徒として生きる選択をした人が受ける「帰敬式《ききょうしき》（おかみそり）」の際にも、実際に剃髪するわけではありませんが、頭髪に剃刀《ていとう》を当てて剃髪の形をとります。

生前に帰敬式を受式していなかった人は、亡くなってから、住職さんに執《と》り行ってもらう場合もあります。

仏教のギモン 7

仏像の多くが、額《ひたい》にはホクロのようなものがあって、パンチパーマのような髪型をしています。昔の人はみんなこういう姿をしていたのですか？

歴史的な事象や当時の人の姿を彫像等で記録するということはあちこちにありますが、仏像は古い時代の人間の姿を反映しているわけではありません。むしろ仏像は、一般の人間と異なる仏さまの徳やはたらきを形に表そうとしたものです。

お釈迦《しゃか》さまが覚《さと》りを開かれ、それを教えとして人々に伝え共有していくことで、仏教が成立しました。当時のインドでは尊像を造って祀《まつ》るという習慣はなく、お釈迦さまの滅後、当分の期間は仏像は存在しませんでした。その後も、仏陀《ブッダ》の伝記や教えにまつわるエピソードなどが石に刻まれたり壁画として描かれたりする場合は、直接の姿を描くのではなく、象徴的に仏塔《ぶっとう》や法輪《ほうりん》、仏足石《ぶっそくせき》や菩提樹《ぼだいじゅ》等でその存在を暗示していました。

ところが、ガンダーラ地方とマトゥラ地方に仏教が伝わると、仏像が作られるようになりました。特にガンダーラ地方はアレキサンダー大王がギリシャ文化を持ち込んだ地域で、そこでの仏教美術はギリシャ美術やペルシャ文化との融合が見られ、像には口髭《くちひげ》があり、寒い地域のため、衣は厚手で表現されています。

その後、さまざまに仏像が造られ、またお釈迦さま以外に阿弥陀《あみだ》仏《ぶつ》や弥勒菩薩《みろくぼさつ》等も仏像となっていきます。その過程で、仏陀の肉体的特徴として、眉間《みけん》には「白毫《びゃくごう》」と呼ばれる白く長い毛が丸く巻かれたものがつけられるようになり、また、頭頂部が盛り上がり（肉髻《にくけい》）、頭髪が右巻きに渦巻き（螺髪《らほつ》）、手足の指の間に膜があるなど、一般の人間と区別する相（相好《そうごう》）が仏の姿として特徴づけられていきました。さらに手の形で教えやはたらきを表す印相《いんそう》や、水瓶や薬壺等をもつ形も加わり、造られた地域の特徴や材質によって、多様な仏像ができていきました。

さらに、多くの仏（如来《にょらい》）や菩薩（覚りを目指し仏になる前の修行者）に加えて、不動明王《ふどうみょうおう》などの明王（仏の智慧を身につけた偉大な人）や帝釈天《たいしゃくてん》等の天（仏教の守護神）なども、仏像として礼《らい》拝《はい》されていくことになります。

仏教がインドから西域、中国、朝鮮半島等を経由して日本に伝わる間に、それぞれの地域による特徴が加わりながら、現在に至っています。ですから、仏像の姿形は、昔の時代の姿というよりも、人々の願いが形となって表された姿なのです。

仏教のギモン 8

仏教はお釈迦《しゃか》さまという一人から始まったと聞きました。でも、なぜたくさんの宗派があるのですか？

真理《しんり》に目覚め、ブッダ（覚者）となられたお釈迦さまは、苦悩を抱えて生きている人々の求めに応じてさまざまに教えを説き、その教えが後世に伝えられていきました。それは、相手の苦悩の本質を見抜いて、それにふさわしい言葉で、自ら気づくように促すヒント・導きでした。ですから、その教えは、後にその言葉だけを見ると、多様な内容が含まれています。

私たちは、見聞きしたことについてありのままに受けとめようとしますが、やはり自分の関心事からの観点で受けとめることになります。ある現象や言葉が、受け取り手によってさまざまに解釈されます。それぞれの資質や関心によって、重要と思うポイントは異なるからです。

さて、お釈迦さまが亡くなられた後に、阿羅漢《あらかん》（覚《さと》りを開いた弟子たち）が集まって、教えの確認会（結集《けつじゅう》）が行われました。長年お釈迦さまの身近にいて、たくさんの説法の場で教えを聞いた阿難《あなん》（アーナンダ）が語り、同席の出家者《しゅっけ》が同意したものが、経典《きょうてん》として記憶されました。これが仏教の経典の成立です。当分の間は記憶によって伝承され、文字化されるのは随分後のことになります。こうしたなかで、お釈迦さまが亡くなられて約１００年後には、解釈の相違から弟子たちの集団（サンガ）が分裂し、その後も分裂が繰り返されました。

また、その結集は出家の弟子のみによって行われたため、毎日の生活に苦労しながらも安心して生きていける支えとなるような生活者のための教えは、いわば地下水のように、経典の形を取らないまま在家《ざいけ》信者の間で共有されていきました。それが後に、経典の形に成立していったものが、たくさんの「大乗《だいじょう》経典」です。さらにそれらが無秩序に中国へもたらされ、翻訳されるなかで、どの経典を重要視するかで見解の相違が生じ、結果として「宗派」となっていきました。そこでは、原初の教えのみならず応用的になされた解釈が教えとして伝わっていったようなこともありました。

また、教えを聞く「自己」への深い洞察から、時代状況のなかで多様な人の求めに応じて大切とされた教えが、さまざまな仏さまや多様な宗派の教えとなって日本に伝えられ、それがさらに○○宗△△派と分かれて現在に至ったわけです。

仏教のギモン 9

仏教はインドで始まったと聞きましたが、私たちが接する「お経《きょう》」は漢文で書いてあります。なぜ、インドの言葉でも日本語でもないのですか？

仏教はインド文化圏で興《おこ》りました。真実に目覚めてブッダとなったお釈迦《しゃか》さまの言葉は当分の間、記憶と口述によって伝承されてきました。インドの言葉も時代や地域によって多様ですので、どの言語で記憶されたかは不明です。それが仏滅の数世紀後に文字になっていきます。当時は統一された共通言語はありませんので、さまざまな言語や文字であったようです。それが中国へ伝わる際に、現在のパキスタンやアフガニスタンを経由し、シルクロードを通る過程で、その地域の言語に翻訳されたり、またインドから中国へ渡った僧が暗誦《あんしょう》（暗記して声に出してとなえること）していた経典《きょうてん》を、その時代の中国語に翻訳したり、漢文の経典もさまざまな条件の下で制作されました。仏教はそういう過程を経て体系化されていったのです。

また、漢文に翻訳する際に、意味で訳さずに発音をそのまま漢字で表わした音写語も少なくありません。意味で訳す場合も、たとえば「サッタ（薩埵＝生存するもの）」という言葉は「衆生《しゅじょう》（いのちあるすべてのもの）」と訳される以外に「有情《うじょう》」「群生《ぐんじょう》」等さまざまに訳されました。また、「南無《なむ》」と「帰命《きみょう》」、「娑婆《しゃば》」と「堪忍土《かんにんど》」のように、音写と意訳の両方が混在する場合もあります。翻訳僧によって特徴的な言葉の使われ方もあります。

さて、なぜ現代日本語に訳されたお経がないのでしょうか。実は、20世紀になってから、多くの現代語訳の試みがあり出版もされ、今も書店で入手できますが、なかなか定着していません。漢文は、表意文字ですので、仏教の教えを簡潔に表現するのに適しています。日本語に翻訳すると、意味の一部しか表現できなかったり、長くなったりする傾向もあります。また、経典は読誦《どくじゅ》（音読）しますので、発音の響きや格調を重んじて日本語化しにくかったこともあるでしょう。儀式でも漢文の方が厳《おごそ》かな感じがします。

日本も漢字文化圏ですので、明治時代までの僧や知識人のなかには、漢文をそのまま読み理解できた人も少なくありません。また、ずっと以前より、「和讃《わさん》」など漢文の読めない人のために教えを和文で表現したものも数多くあります。

漢文の経典を学んだお坊さんが、「法話《ほうわ》」という形でわかりやすく話すその内容を聞く機会を重ねていけば、少しずつ理解が深まっていくかもしれません。

仏教のギモン 10

「嘘《うそ》も方便《ほうべん》」という言葉がありますが、「方便」は仏教の言葉だと聞きました。どんな意味なのですか？

「往生《おうじょう》」や「我慢《がまん》」「割愛《かつあい》」など、仏教の言葉が生活のなかに取り入れられ、意味や使われ方が変化することがあります。「嘘も方便」も、「有相方便《うそうほうべん》」という、目に見えない真実を具体的な姿形をとってわかりやすく伝えるという意味の仏教の言葉が、変化をとげて使われたのだともいわれます。

「方便」とは、サンスクリット語の「ウパーヤ」の翻訳語で、直訳すると「近くに行く」ということで、「目的（救い）に近づき到達するための巧みな手段や優れた方法」の意味で使われます。ですから、「方便」という言葉は、単なる方法や手段ではなく、覚《さと》りの境地に至るためや、衆生《しゅじょう》（いのちあるすべてのもの）を救う場合に使われます。

たとえば、『法華経《ほけきょう》』というお経のなかには、火事になった家のなかで気づかず遊んでいる子どもたちを、家の外へ誘導するために、「おまえたちが欲しがっていた車が外にあるぞ」と嘘をついて救い出したという話があります。

また、『イソップ物語』では、死の床にあった父が3人の息子に、ブドウ畑に宝物を隠したと告げます。息子たちは、鋤《すき》や鍬《くわ》をかついでブドウ畑へ向かい毎日掘りましたが、宝物は見つかりません。しかし、根気よく土を掘り返したおかげで、ブドウがよく育ち、例年の何倍もの実をつけ豊作になって収入が増えました。大喜びした3人の息子は、一生懸命に畑を耕せば幸せはついてくると気づき、真面目に生きていったという話です。これらは「嘘も方便」と言えるでしょう。

つまり、真実をそのまま告げても受けとめることができない場合や、緊急を要する場合に、巧みな手段、つまり「方便」として「嘘」をつかざるを得ないことがあるということで、「嘘も方便」と言うのでしょう。

基本的に仏教では「不妄語戒《ふもうごかい》」という戒律があり、嘘をついたり、物事を偽《いつわ》ることは戒《いまし》められています。また、「両舌《りょうぜつ》」や「綺語《きご》」など、言葉や語ることに関する戒めもあります。とくに自己弁護のために「嘘も方便」という言葉を使うなど、本末転倒です。

「嘘」は、自分だけが助かりたい、自分だけが得したいという場面で使われるものですが、「方便」は、自分の都合ではなく、本当にその人を救うために、方便を用いたほうが良いと考えられた場面において使われてきたものなのです。

仏教のギモン 11

近くのお寺で4月になると「花《はな》まつり」という行事があります。小さなお堂にお花がいっぱい飾られて、仏像のようなものが立っていますが、あれは何ですか？

「花まつり」は、お釈迦《しゃか》さまのお誕生をお祝いする行事です。その誕生日が4月8日なので、全国各地のお寺や、仏教系の学校・幼稚園・保育園などで4月に行われることが多いのです。その花まつりで使われる花御堂《はなみどう》という小さなお堂のなかに立っているのは、生まれてすぐのお釈迦さまの姿（誕生仏）を表わしたものです。

お釈迦さまの母となる王妃マーヤーは出産のために、生まれ故郷へ里帰りをする途中で立ち寄ったルンビニーの花園で産気づいて出産することになりました。つまり、お釈迦さまは花園の中で生まれたので、そこからお釈迦さまの誕生を祝う行事は「花まつり」と呼ばれ、花をいっぱい飾ってお祝いするようになったのです。

そして、その誕生は特別なこととして、さまざまな事績が言われるようになっていきました。たとえば、お釈迦さまが誕生してすぐに七歩歩んで天地を指さして「天上天下唯我独尊《てんじょうてんげゆいがどくそん》」と言葉を発したのを聞いて、竜王が喜び祝福して、天から甘露《かんろ》を産湯《うぶゆ》に注いだという伝承があり、そこから、花まつりの際には、「甘茶」を誕生仏の頭から注ぐ（灌仏《かんぶつ》といいます）慣習があります。竜王が注いだ甘露とは、インドの言葉で「アマタ」といい「不死」と訳されますが、これは人間を死の不安や恐怖から解放してくれるお方が生まれたことを表しています。甘茶は、「アマチャ」というユキノシタ科の植物の葉を煎《せん》じた飲物で、漢方薬としても使われています。

「天上天下唯我独尊」とは、「どんな境遇《きょうぐう》にあっても、私たち一人一人はかけがえのない存在であって、そのままで尊い」ということです。人間は、さまざまな縁（環境・条件・関係）のなかで生きています。そこにおいて、いつも自分の能力や出せた成果に対する他者からの評価に一喜一憂し、不安や苦悩を抱えて自信をなくし、自分が今生きていることに安心できないということはありませんか。そういう私たちに、「できた・できなかった」ということ以前に、一人一人が代替不能の唯一の存在であり、本来的に尊いのだと教えてくれます。

もし、「花まつり」が行われているところを通りがかったら、甘茶を注いで誕生仏に合掌《がっしょう》して、お釈迦さまが教えてくれたことを思い出してください。

仏教のギモン 12

仏教に関係する高校に入学しました。毎朝、朝礼で、「三帰依文《さんきえもん》」という言葉をみんなで合唱します。どういったものですか?

三帰依文

人身《にんじん》受《う》け難《がた》し、いますでに受《う》く。仏法《ぶっぽう》聞《き》き難《がた》し、いますでに聞《き》く。この身《み》今生《こんじょう》において度《ど》せずんば、さらにいずれの生《しょう》においてかこの身《み》を度《ど》せん。大衆《だいしゅう》もろともに、至心《ししん》に三宝《さんぼう》に帰依《きえ》し奉《たてまつ》るべし。

自《みずか》ら仏《ぶつ》に帰依《きえ》したてまつる。まさに願《ねが》わくは衆生《しゅじょう》とともに、

大道《だいどう》を体解《たいげ》して、無上意《むじょうい》を発《おこ》さん。

自《みずか》ら法《ほう》に帰依《きえ》したてまつる。まさに願《ねが》わくは衆生《しゅじょう》とともに、

深《ふか》く経蔵《きょうぞう》に入りて、智慧海《ちえうみ》のごとくならん。

自《みずか》ら僧《そう》に帰依《きえ》したてまつる。まさに願《ねが》わくは衆生《しゅじょう》とともに、

大衆《だいしゅう》を統理《とうり》して、一切無碍《いっさいむげ》ならん。

無上甚深微妙《むじょうじんじんみみょう》の法《ほう》は、百千万劫《ひゃくせんまんごう》にも遭《あい》遇《あ》うこと難《かた》し。我《われ》いま見《けん》聞《もん》し受持《じゅじ》することを得《え》たり。願《ねが》わくは如来《にょらい》の真実義《しんじつぎ》を解《げ》したてまつらん。

「三帰依文」は「礼讃文《らいさんもん》」ともいい、自分が仏教徒であると表明《ひょうめい》する仏教各派ほぼ共通の言葉です。本来はパーリ語（インドの古い言葉）で「ブッダン・サラナン・ガッチャーミ」「ダンマン・サラナン・ガッチャーミ」「サンガン・サラナン・ガッチャーミ」と言いますが、日本で今、私たちが唱和《しょうわ》している形のものは、東洋大学学長も勤めた仏教学者、大内青巒《おおうちせいらん》がまとめたものです。『華厳経《けごんきょう》』から引用した三帰依の前に『法句経《ほっくきょう》』、そして後ろには「開経偈《かいきょうげ》」（中国で作られた読経《どきょう》前の言葉）を加えています。

中心となるのは、「仏法僧《ぶっぽうそう》」の三宝《さんぼう》に帰依《きえ》する（支えとして信頼する）という部分です。「仏」とは真理《しんり》に目覚めた人、お釈迦《しゃか》さまであり、「法」とはお釈迦さまが説いた仏法《ぶっぽう》、真実の教えです。「僧」とは単にお坊さんということではなく、僧伽《サンガ》という、法を求める共同体のことです。

私たちは、何を支えとして生きていくのか、何を依《よ》りどころとして生活するのか、それを「帰《き》すところ」と言います。親鸞《しんらん》は法然《ほうねん》と出会い、阿弥陀仏《あみだぶつ》の願いとはたらきに出遇《であ》いました。つまり、生きる支えを得られたのです。そのことを親鸞は、「雑行《ぞうぎょう》を棄《す》てて本願に帰す」と表現しています。あるいは、源信は「我、今、帰するところ無し」と、生きる支えがないことを地獄であると言っています。

「帰依」というのは「安心の依りどころ」です。ですから「自ら仏に帰依する」とは、「私は仏さまがいてくださるから、どんな境《きょう》遇《ぐう》になっても安心して、あらゆるいのちとともに、いきいきと生きていくことができます」という表明です。「自ら法に帰依する」というのは、仏さまが説いてくださった教えを依りどころとして生きていけるということです。「自ら僧に帰依する」というのは、仏を信じ教えを喜ぶ人たちとともに、私はどんな境遇になっても、勝ったときも負けたときも、罪を犯したときでさえも、安心していのちある限りいのちを大事に生きていくことができるということです。そういう三つを依りどころとして生きることが、仏教徒の一番基礎です。

その三宝を中心に、まず、「生まれ難い人間としてすでに生まれ、今まさに仏法を聞いています。今このときに救われることができなければ、いつ救われようか。さあ、みなさん、心から三宝に帰依しましょう」と始まって、最後に、「尊く深く広い仏法の教えに奇跡のように出遇えました。さらに真実の意味を求めていきたい」と述べるのです。

2

宗教のギモン

宗教のギモン 1

良いことをすれば死後天国《てんごく》に行って、悪いことをすると地獄《じごく》に落ちるんですよね…。でも、宗教を信仰すると、地獄に落ちなくなるのですか？　そもそも天国や地獄って本当にあるのですか？

良いことをすれば天国に行って、悪いことをすると地獄に落ちると言われるのは、インド以来の「業《ごう》の理論」にもとづく考え方です。「業」とは、言葉や心のなかも含めて「行い」を表し、現在の行いは必ず未来に相応の影響を及ぼすという考え方です。「因果応報《いんがおうほう》」といい、「善因楽果」「悪因苦果」と善悪の行為が「因」となって「楽・苦」の「果」をもたらすといわれます。

しかし、仏教では「因」と「果」の間には必ず「縁《えん》」があるとします。「縁」とは、条件とか出会いで、同じ因でも縁によってさまざまな果が生じると考えます。その縁は無数にあり、私たちは出会う縁を選ぶことができないことの方が多いのです。ですから、意に反した結果が起こることは当然なのです。ですから、起こった「果」については、その人のご縁によるのです。

また「善悪」も、私たちや世の中の都合で、変わっていきます。ある時代状況の下での「善」が、環境条件が変われば「悪」とみなされます。いずれにしても、私たちは自分の都合を最優先しながら生きていますので、気づかないまま他者に不都合を押しつけたり、他者の好都合を妨げたりしていることが多く、罪深い生き方です。ならば、私たちが少々良いことをしたからといっても、知らずに犯している悪業が勝っているのではないでしょうか。そうすると、私たちが自分の行為で天国（仏教では「天国」とは言いません）に行けることなど考えられませんね。

宗教は、そういう私たちの生き方に潜《ひそ》む罪深さに気づかせてくれます。地獄や天国、極楽《ごくらく》が死後の世界として実在するかどうかは、私たちにはわかりようがありません。しかし、地獄や天国という果に対する因や縁としての自分の人生を振り返ることをとおして、私たちの生きている姿が問い直されるのです。つまり、私たちの人生がどこかの段階でもし裁《さば》かれるとするならば、私の人生はどのように判定されるのであろうかと気になります。

仏教では、「諸悪莫作《しょあくまくさ》（諸々《もろもろ》の悪を作《な》してはならない）衆善奉行《しゅぜんぶぎょう》（たくさんの善を奉《たてまつ》りて行え）」と教えますが、なかなかそうできない私たちをも救ってくださる約束が、阿弥陀仏《あみだぶつ》の本願《ほんがん》（無条件に救うという願い）なのです。

宗教のギモン 2

特に悩み事もなく、お寺にお参りにいくこともありません。おばあちゃんならともかく、そんな私には、宗教もお寺も必要ないと思います。宗教やお寺って、生きている上で本当に必要なものなのでしょうか?

宗教は、本来、人間がどう生きていくかを導くものでありますが、現代日本では宗教のイメージが混乱しています。江戸時代、キリシタン根絶のために、お寺は地域の人々を掌握・管理する役割（寺請《てらうけ》制度）をもたされました。以降、お寺では、葬儀《そうぎ》や先祖供養《せんぞくよう》の仏事が事業の中心となり、与えられた環境のなかでどう生きるかという指針を与えたり、ともに考えたりという、宗教本来の役割が薄くなっていきました。しかし、もちろん寺子屋として教育に関わり、地域の文化や地域運営のために存在意義が認められてはいました。また、本堂《ほんどう》の広い空間は集会所や劇場等の役割もありました。

明治時代になると、国家の政策として神道が中心に置かれ、天皇を神（人間を超えた存在）として強制的に礼拝《らいはい》させました。また政教分離ということで、生活のベースとしての宗教が、生活とは別の何かになっていきました。それは、戦後さらに徹底され、教育・医療・福祉等あらゆる分野から宗教を分離し、関わらないことが多くなっていきました。その結果、私たちの生活に必須のことという認識もなくなっています。

各家庭においても、宗教を意識せずとも生活が成り立っているように思われています。あらゆることは、経済や社会制度などで、そしてそれを支える科学技術でなんとかなるはずだという前提です。しかし、私たちが生きていく上では、そういうことがいくらうまくいっても思いどおりにならないことは、実はたくさんあります。年をとれば心身の機能が低下し、病気の心配もあります。そして何より、必ず死が訪れます。いつどのようにかはわかりませんが、間違いなくおとずれ、人生を終えるのです。自分だけではありません。

どんなに愛していても別れなければなりません。それをどう受けいれて生きていけるのか。あるいは、自分はどこへ向かって生きていくのか。自分の存在意義はどこにあるのか。そういう根本的な問題は、人間の知恵では解決しません。

宗教は、目の前の困りごとを都合良く解決するためのものではありません。どんな境遇《きょうぐう》になっても（その可能性は誰にもあります）、ごまかさず逃げずにその境遇を引き受け、尊いいのちを尊く生きていくためには、その人生に寄り添ってくれる確かな支え（依《よ》りどころ）と目的地（未来）が必要です。それらが宗教の示すところです。

宗教のギモン 3

宗教というと、「洗脳《せんのう》される」というイメージがあります。一度入ったら抜け出せなくて、お金もたくさん寄付しなくてはいけなくて、何か怖いものだという気がしていて…。

宗教との出会いはさまざまです。かつては貧・病・争のつらく苦しい状況から抜け出して楽になりたい、苦痛を軽減してほしいと、思いどおりにならない不都合の解消や好都合化を目指しての神仏信仰ということが多くありました。便利で豊かになった現代ですが、何となく空《むな》しいとか、よくわからない不安があり、目標を実現したのに満足感や喜びがなく、生きる意味がわからない。そこで勧誘された宗教（らしきもの）に入信して、献金を要求され、洗脳される不安があるわけですね。

洗脳（マインドコントロール）というのは、自分の自由な考え方が心理的に操作され、正しく見たり批判することができなくさせられることです。しかし、本来の宗教体験とは、自分の考えや価値観、それに基づく進み方が通用しないことに出会って、これが自分だと思っていたことが大転換する、言い換えればそれまでの自分が崩《くず》れてしまう経験です。そして、そこから、揺《ゆ》るぎない真実に立脚した歩みが始まっていくのです。

世の中には、宗教の顔をしたお金集めがあります。いわゆる怪《あや》しい宗教です。その特徴は、まず、「これを信じなかったら不幸になるぞ」と脅《おど》して勧誘する。次に、法外な献金を要求する。最初はごく少額でも、どんどん膨《ふく》れあがっていく場合もあります。そして三つ目は「これを信じれば、あなたの願いが叶《かな》います」と近づいてくる宗教です。

意外に思うかもしれませんが、本来の宗教は、そういう自分中心の欲が争いや不和を引き起こして自他を傷つけていたと気づかせてくれるものです。さまざまに縛られ閉塞《へいそく》している状況に気づいて、それが起因する元と目指すべき方向を知ることで、さまざまな課題を抱えながらも安心していきいきと生きる道が開かれます。苦悩している自分が、自分を超えた世界から願われ呼びかけられていたと気づいたとき、現実は違って見えてきます。

自分の請求することを都合よく達成するためにと宗教を利用したつもりが、逆に怪しい宗教につけ込まれて利用され、疑うことを許されずひたすら献金させられ、ノルマ達成のために周りを勧誘することに汲々《きゅうきゅう》となってしまっては、それこそ「こんなはずではなかった」ということになります。宗教は、人生の大事なことに気づかせてくれるものです。冷静に関心をもって学んでいただければと思います。

宗教のギモン 4

いま世界で起きている戦争は、ほとんどが宗教間の戦争だと聞いたことがあります。宗教は良いことを説いているというけれど、殺し合いをしたり、自爆テロまで起こしたり、少しも良くない気がします…。

内戦は別として、国家間の戦争がどのようにして起こるのか、少し考えてみましょう。たいていは、支配する領土を拡大したいとか、奪われた領土を奪い返すため、あるいは資源が欲しいなどの理由で戦争が起こります。他の宗教を滅ぼすために戦争をするということではありません。ただ、戦争や侵略の理由（言い訳）として宗教が使われることは大いにあります。世界のほとんどの国では、宗教は生活や政治と密接に関わっており、別に考えることはできないからです。

実際の戦争は敵味方ともに多くの兵士の死を伴います。また民間人を巻き込むことになります。戦争に行くことになった兵士は、戦場で直接関係のない、いわば知らない他人を殺すという大きな罪を犯すことになります。それによって殺した側の兵士の心は深く傷つきます。命令されたとはいえ、殺したときのおぞましい実感を一生抱えて生きていくことになるのです。その人生は、最後にどう裁《さば》かれるのか、不安であり恐怖でしょう。

また戦争では、知らない誰かに殺されるという最もつらく受け容れがたいことが起こるのです。死後の安心を保証する宗教なしには、国民に戦争を強いることは困難です。日本も、敵兵を殺すのは罪どころか国家や国民のための善行であり、また戦争で殺されても必ず靖国神社に神として祀《まつ》られると安心させて、若者を戦場に送り出しました。つまり、宗教が原因というよりも、戦争をしようとするときに、宗教的な保証をすることで、殺し殺されることを兵士に強いていくのです。ですから、戦争には宗教が必ず持ち出されるのでしょう。

宗教の本来のはたらきは、そういう自他を傷つけずにおかない戦争の愚《おろ》かさを自覚させるものです。自己や自国中心に立って、他を傷つけ否定する、そういう人間の営《いとな》みや志向とその罪悪性に気づき、恥じ、見つめ直すはたらきです。

互いに存在を認め合いながら、「ともに」生きていくために、宗教があるのです。

宗教のギモン5

学校の「道徳」の授業は「宗教」の授業で充当できると聞きましたが、「道徳」と「宗教」は同じなのですか？　それとも違うのですか？

道徳とは、その時代社会や共同体（世間）のなかで、正邪や善悪について構成員の大多数によって共有されている規範（なすべきことの規準）となるものです。特に罰が課されるわけではないですが、共同体存続のためにみんなで守る習慣にしようということです。身分社会においては、各階層や身分ごとに、それぞれの道徳が形成されました。「倫理」、すなわち「倫（人の集まり）における理（ルール）」とほぼ同じ意味ですが、それを身につけることに重きが置かれます。「道徳」と訳された「moral」のもとはラテン語の「mos」で、ギリシャ語の「エートス（ethos）」（倫理を表す ethics のもとの語）と同じく、「よい習慣」とか「よい風習」という意味です。

殺すな・盗むな・嘘《うそ》をつくな等、どの社会においてもほぼ共通する道徳もありますが、全体と個人のあり方など、時代や文化が異なる場面では通用しないことも多くあります。ある人は愛国者として賞賛され、集団に従わない場合は不道徳な非国民と非難するなど、人々を精神面で押さえつけることに利用されることもあります。そういう意味では、道徳はそれぞれの時代社会のなかだけの常識ともいえます。

宗教は、私たち人間は「本当のこと（真理《しんり》）」がわかっていないというところに立って、超越者としての神や、真理に目覚めたブッダに生き方を聞いていく世界です。それは道理《どうり》であり、人間をさまざまな束縛から解放するもの。また、争うことのない静かな心を目指すものです。ですから、宗教は本来時代を超えたものですが、時代社会のなかで都合よく解釈され、利用されてきた歴史もあります。

ただ、多くの宗教は道徳的規範を備え、その実践を求めます。仏教では、「戒《かい》」（もとのインドの語「シーラ」も「よい習慣」の意味）がそれにあたり、自発的な努力や心がけです。ちなみに「五戒《ごかい》」とは、①いのちあるものを傷つけたり殺すことから遠ざかる。②与えられていないものを勝手に自分のものにしない。③嘘をつかない。④邪《よこしま》な性行為をしない。⑤酒など酔わせるものに近づかない。さらに十戒《じっかい》は、加えて、⑥身体を飾らない。⑦歌舞を見聞きしない。⑧広くて高い寝台を使わない。⑨食べるべきとき以外に食べない。⑩蓄財しない。これらは仏教の目的達成のために、誘惑に弱い私たちのブレーキとなります。

宗教のギモン 6

学校でキリスト教について習い、興味をもちました。私の家は仏教徒ですが、自分が信じる宗教はどういうふうに決めればよいのですか？

宗教に興味をもつことはとても大事なことです。いろいろと本を読んだり、お話を聞いたりなさってください。ただ、宗教は人生に関わることですので、ちょっとした知識や好みとして、カタログやメニューから選んでというわけにはいきません。ある程度の知識は必要ですが、たとえば「あの人のような生き方ができたらいいのに」、そして「あの人が信じていることは何だろう」と、尊敬できる「よき人」との出遇《であ》いが大事になります。

本来、人間として「生きる」ことを支えるのが宗教です。私たちは生きている限り、思いどおりにならないさまざまなことに出会わねばなりません。それらを抱えながらどう生きていけるのか、財力・権力・体力・知力等々のレベルアップでは届かない問題があります。私たちは「本当のこと」を見抜くことも、将来を正しく見通すこともできません。人間の知恵ではどうしても解決することのできない部分があるのです。

何のために生まれたのか。生きる意味は何か。死をどう受け容れればよいのか。世界はなぜ存在するのか。何を支えとして、思いどおりにならないこの人生を歩んでいくのか。しかも、いつどんな形かわからないまま、「死」という中断が例外なく訪れます。いかなる境遇《きょうぐう》にあっても、人生を安心して尊く生きていきたいが、何を支えとして誰とともにどこへ向かって生きていけるのか、いのち終えていけるのか。医学も科学も答えてはくれません。

日常生活のなかで、「これでいいのだろうか」との自覚から、もっと普遍的な何かを求める心が起こります。人間は有限で相対的です。どんな境遇になっても自分の生には意味があると、何によって信じることができるのか…。宗教は、そういう問いに寄り添うものです。

ただ、特定の時代や地域、民族に限定されるものや、ある団体に所属する者だけが助かるとか、あなた個人の都合を充足すると主張するような、金銭目的等の似非《えせ》宗教もあります。「宗教」は本来普遍的な真理《しんり》にもとづき「いつでもどこでも誰にでも成り立つ」ものです。入会しなければ災いが起こると脅《おど》すのも、本来の宗教とは言えません。

宗教には、もちろん中心となる教えが大事ですが、人間を超えた仏や神を礼拝《らいはい》することになります。つまり心で信じ、経典《きょうてん》や聖書《せいしょ》等の言葉にふれ、礼拝施設に赴《おもむ》くということが出てきます。お寺などの施設へ行って雰囲気を感じてみてください。

宗教のギモン 7

ＡＩ（人工知能）の進歩で世の中が変わると言われています。そのうち人間を超えるのじゃないかとも言われています。科学がもっともっと発達したら、宗教も必要なくなるんじゃないですか？

結論から言えば、人間が生身の身体と心を抱えて生きていく限り、宗教の役割がなくなることはありません。今までも、科学の進歩で宗教は必要なくなるとの予測が日本ではありました。それは、宗教は自分の都合を助けるものだという誤った認識によるものです。多くの国では、科学が宗教に取って代わるという発想は出てきません。それは領域が異なるからです。

科学技術は、人間の記憶や判断、行為等の補助をするためのものです。もちろん、最近のＡＩの進歩は目を見張るものがあります。ビッグデータといわれる世界中の情報を入手し、また、さまざまなセンサーによる高度の認識能力によって、思考や分析、判断・予測の領域までＡＩが活躍し、さらに日々進化しています。２０１５年、オックスフォード大学のオズボーン博士によって、将来消滅する職業が発表されて大変な話題になりました。

しかし、人間は特定の時代と環境に生まれ、思いどおりにならないなかを生きて、老い病み死なねばなりません。自分自身も、大切な方もです。そういう思いどおりにはならない人生を、何が起こっても、ごまかさず、逃げずに引き受けて生きるためには、安心できる依《よ》りどころ（帰《き》すところ）がなくてはなりません。それが宗教の役割です。便利に楽に安易に安全に清潔にという方向の支えではなく、あらゆる営みを無条件に根底で支える大地のような何かです。

ＡＩは、どこまでも人間の便利や好都合のために改善するためのものです。ＡＩによって、仕事や生活の多くの分野で、便利で快適、安全、正確、肉体的負担減になるでしょう。しかし、そういうことがいくらハイレベルになっても、それによっては、人間の生死《しょうじ》の根本問題は解決しません。ＡＩは、世界や私たち自身の存在の必然性や意義を説明できません。私たちは、生身の人間として、人間関係のなかを生きていくわけです。そこには、不思議としかいいようのない多くのことがあります。

上手にＡＩと付き合い、同時に人生や生きることそのものの問題を問い続けねばなりません。

コラム

お釈迦さまの呼び名

それぞれの呼び名には、どんな意味があるのでしょう。

ゴータマ・シッダッタ

現在のインドとネパールの国境周辺に住む釈迦族の王子として生まれたお釈迦さまの本名（俗名）。「ゴータマ（ガウタマ）」は「最上の雌牛」、「シッダッタ（シッダールタ）」は「人生の目的を成就した者」の意味です。

仏陀《ブッダ》

真の道理に「目覚めた人」を意味する尊称です。インドの古い言葉であるサンスクリット語の「ブッダ」（buddha）の音をとって漢字に当てたものです。

釈迦牟尼世尊《しゃかむにせそん》（釈尊《しゃくそん》）

釈迦族出身の聖者で世にも尊いお方、略して「釈尊」とも呼びならわされています。

釈迦牟尼仏陀《しゃかむにぶっだ》（釈迦仏《しゃかぶつ》・お釈迦《しゃか》さま）

「釈迦」はシャカ族という種族の名前で、「牟尼」は心身の静まった人＝聖者を意味します。釈迦族の聖者で目覚めた人、釈迦牟尼仏陀を略して「釈迦仏」、親しみを込めて「お釈迦さま」と呼ばれています。

釈迦如来《しゃかにょらい》

「如（タター）」とは「本来そうあるべき状態」という意味。「如来」とは真如（覚《さと》りとか絶対真理）の世界から、私たちを救うために来られたという、仏さまがはたらいている姿を表します。

3

真宗のギモン

真宗のギモン 1

うちのおばあちゃんは、いつもお内仏《ないぶつ》（仏壇《ぶつだん》）の前に座って「南無阿弥陀仏《なむあみだぶつ》」とつぶやいていています。呪文《じゅもん》みたいに聞こえますが、何か「ご利益《りやく》」がある言葉なのですか？

まず、おばあちゃんが、いつもお内仏の前に座られるのはなぜでしょうか。それは、「自分の都合どおりに物事が進まず悩んでいるから」ではないのでしょう。自分の思いを叶えるためにということではなく、悩みのあるなしに関わらず、お内仏の前に身を置かずにおれないということがあるのだと思います。

お内仏の前で手を合わせて頭を下げる先には「ご本尊《ほんぞん》」があります。「ご本尊」とは、文字どおり「本当に尊いということ」です。ご本尊に手を合わせて頭を下げるのは、私が何を大事にしながら生きていくかを意識し直すことなのです。「私が生きる上で、本当に尊ぶべきことはどういうことだろう」ということですね。ご本尊に手を合わせる行為をとおして、いわば私の心を映し出す鏡の前にいるように、自分がどんな生き方をしているかを振り返ることになります。それを言葉にしたのが、「南無阿弥陀仏《なむあみだぶつ》」なのです。それは自分の生を支え成り立たせているはたらきは何であるのかという確認でもあります。仏像というモノを拝《おが》むということではなく、自分にかけられた願いや、はたらきを感じ、生き方を確かめ直すことです。

ところで、「ご利益」というのは何でしょう。神さまや仏さまを拝んで、その後、私の欲求が都合よく満たされたときに、「ご利益があった」と言います。しかしそのとき、私の好都合のために誰かが不都合になっていないでしょうか。つまり、何かを譲ってもらったり、待ってもらったり、断念してもらったり…。いつも自分の利益中心に考えて、それを優先させている生き方は、他者とともに生きることと両立しません。また、ご利益がいくら積み重なっても、人間の根本的な苦悩の解決には届きません。そのことに気づくのも、お内仏の前に座ってご本尊に手を合わせ、「南無阿弥陀仏」と称《とな》えることのはたらきです。そもそも、自分の都合のために神さまや仏さまの力を借りようというのは、宗教の本来の姿ではありません。

実際には、おばあちゃんは心のなかで、仏さまの仲間入りをされた亡き人と対話しておられたのかもしれません。一度、おばあちゃんの横に座って手を合わせてみてください。何かを感じるでしょう。うまく説明できなくてもいいのです。そこで感じたことを大事にしてほしいと思います。

真宗のギモン 2

私の家のお内仏《ないぶつ》（仏壇《ぶつだん》）には、真ん中に仏さまが立っている絵が掛《か》かっていて、両側にはお坊さまが座っている絵が掛かっていますが、どういう方なのですか？

そのお仏壇は、浄土真宗のものかもしれません。浄土真宗では、箱を表す「仏壇」ではなく、ご本尊《ほんぞん》（仏さま）を家の中（内）にお迎えするので「お内仏《ないぶつ》」と言います。中心に安置されている木像《もくぞう》または絵像《えぞう》（掛け軸）が、阿弥陀如来《あみだにょらい》の立像《りつぞう》です。浄土真宗では必ず立像で、座像ではありません。両側は、向かって右側が親鸞聖人《しんらんしょうにん》、左側が蓮如上人《れんにょしょうにん》の絵像です。

阿弥陀如来は歴史上の人物ではありません。あらゆる人々を無条件に救いたいと四十八の願《がん》を建てて修行《しゅぎょう》し、覚《さと》りを完成（成仏《じょうぶつ》）され、念仏を称《とな》える（阿弥陀如来の名を呼ぶ）ことで極楽浄土に往《おう》生《じょう》できる道（本願《ほんがん》）を示した、現在も仏国土（浄土）で説法している仏さまです。

親鸞聖人は、その阿弥陀如来の本願を深く信じ、ただ念仏して阿弥陀如来にたすけられるというところに立ち、私たちが思いどおりにならない生活のなかで、自分の出会うあらゆる出来事をごまかさずに引き受けていける教えとして、鎌倉時代に浄土真宗を顕《あきら》かにされた方です。比叡山《ひえいざん》で出家《しゅっけ》生活を送り、学問・修行に専念しましたが、自分自身の消えない煩悩《ぼんのう》の根深さ、愚《おろ》かさ、罪深さを深く見つめて、人間の知恵と努力では、仏の覚りに到達できないと悩んだ末に、阿弥陀如来の本願のはたらき（他力）による救いに到達したのです。

蓮如上人は、親鸞聖人から数えて本願寺の8代目（室町時代）の方で、今日の私たち真宗門徒の生活の基礎を定めてくださった方です。つまり、ご本尊を礼拝《らいはい》し、その前で親鸞聖人の言葉である「正信偈《しょうしんげ》」を唱和《しょうわ》する形を定め、「正信偈」を出版し、各地の門徒へのお手紙を数多く残されました。現在、「御文《おふみ》」として拝読されるものは、そのお手紙のなかから抜粋されたものです。この頃からお内仏の原形ができあがってきました。

親鸞聖人は「南無阿弥陀仏」と、私たちが阿弥陀如来の前で合《がっ》掌《しょう》礼拝すること、つまり阿弥陀如来の願いとはたらきを頼りとして生きていこうとすることが、「本尊（本当に尊い）」であると言われます。

なお、阿弥陀如来の両側には、このお二人の像のほかに、右側に「帰命尽十方無碍光如来《きみょうじんじっぽうむげこうにょらい》」（十字名号《みょうごう》）、左側に「南無不可思議光如来《なむふかしぎこうにょらい》」（九字名号）という名号の軸をかける場合もあります。

真宗のギモン3

浄土《じょうど》真宗《しんしゅう》では、なぜ、お祈《いの》りとか瞑想《めいそう》をしないのですか？

一般的に、宗教の中核をなすのは「祈り」であり、特に仏教では「瞑想」によって深く自己の内面を観察することで「目覚め」に近づいていくというイメージがあります。親鸞が比叡山《ひえいざん》で、常行三昧《じょうぎょうざんまい》（般舟三昧《はんじゅ》）を行う常行堂の堂僧《どうそう》をしていた頃には、祈りや三昧（深い瞑想）の経験もされたと思われます。

しかし、阿弥陀仏《あみだぶつ》の本願《ほんがん》（無条件に救うという願い）に目覚めてからは、信心《しんじん》は「如来《にょらい》より賜《たまわ》った信心」であることを明確にされました。それは私からのアプローチということではなく、私は受け取る側にいるということです。それは凡夫《ぼんぶ》という、自分の力で目的地に近づいていくことのできない者のために、如来から照らされ、はたらきを受けていることを自覚していくということです。

「私が祈ることによって」何かが進むとか、「私が瞑想して精神的に成長すること」で、到達点に近くなるというようなことではありません。祈りや瞑想を否定するわけではありませんが、「できない私」を素直に認め、できない者同士がともに仏さまに支えられ、光に照らされて、自分の存在の意義と生きていける喜びを見出《みいだ》していくのです。

私たちが神仏に祈るときは、たいてい「物事が自分に都合良く進みますように」「それが妨《さまた》げられませんように」と、「私が思ったとおりに」他者より優遇されたり利益を得たりすることを求めて祈ります。勝ち負けで言えば、勝ちを祈りながら相手の負けを願い、私が得をするために損は余所《よそ》へいってほしい。つまりは「福（好都合）は内へ、鬼（不都合）は外へ」です。そうしたことで、人との相互関係のなかで「ともに生きる」方向に向かうのでしょうか。

静かに自分の心の内を見つめるための「静坐《せいざ》」を実践することは大切です。しかし、瞑想（神秘体験）によって「特別な人」になれると思うのも迷いです。祈りも瞑想もその行いの主語は「私が」ですね。

浄土真宗では、「ただ念仏《ねんぶつ》して弥陀《みだ》にたすけられまいらすべし」と、「念仏」のみを実践することが勧められます。それは、「念仏」を阿弥陀仏から贈られたなすべき実践として受け取り、信じて念仏申すのです。つまり「仏さまが」を主語として、「私のことを」「私のために」とはたらいてくださっているのを、きちんと受けとめたとき、そこから見えることや気づくことがたくさん出てくることでしょう。

真宗のギモン 4

歴史の授業で、親鸞は「悪人こそが救われる」と説いたと聞きました。なぜ善い人を差し置いて、悪い人こそが救われるのですか?

この言葉のもとは、『歎異抄《たんにしょう》』第三条のなかの「善人なおもて往《おう》生《じょう》をとぐ、いわんや悪人をや。しかるを、世のひとつねにいわく、悪人なお往生す、いかにいわんや善人をや」です。つまり、「善人でさえ浄土に往生することができるのです。ましてや悪人はいうまでもありません。しかしながら世間の人がいつも言うのは、悪人でさえ往生するのだから、いうまでもなく善人は往生する」ということです。

こうした親鸞の「悪人こそが救われる」という教えを「悪人正《あくにんしょう》機《き》」と言います。悪人こそが、阿弥陀仏《あみだぶつ》が救おうとする目当て（正機）であるという教えです。

仏教は基本的に「諸悪莫作《しょあくまくさ》　衆善奉行《しゅぜんぶぎょう》」、つまり「悪をなすな、善を行え」と教えます。つまり、善を勧め悪を戒《いまし》めているわけです。

しかし親鸞は、善行を実践しようと懸命に努力しているその自分自身について、「自分は善人であるか」と正直に徹底的に振り返ると、煩悩《ぼんのう》に振り回され罪深く迷いの世界を生きていて、善人どころか「悪人」と呼ぶしかないと見つめたわけです。自分を「悪人」とは思いたくなくとも、事実としてごまかしようのない「悪人」でしかないことの自覚に立ったのです。

一般的な世間の常識では、もちろん善人が認められ報《むく》われるべきでしょう。しかし、宗教的救いということになると、阿弥陀仏はいかなる仏も救うことのできない罪深い凡夫《ぼんぶ》をこそ救いたいという誓いを立てて仏になられたのですから、「悪人」の自覚のあるものがまず救われるのだと、親鸞は受けとめたのだと思います。そして、ここにおいての「善人」とは「できると信じて、自分で考え判断し努力して往生しようとする人」のことです。仏の目から見れば、すべての人が罪深い悪人です。しかし、自分を善人だと思っている人は、仏のはたらきに全面的に委《ゆだ》ねるという心にはなりません。

阿弥陀仏は、自分の力で覚《さと》りを開けない人のための仏さまですから、煩悩が多く罪深い自覚のある悪人（凡夫《ぼんぶ》）こそが、阿弥陀仏の救いの対象として先にくるというわけです。

世間的常識での「善人」「悪人」とは、その社会集団の存続にいかに貢献するか、つまり集団にとって都合のよい人かどうかではないでしょうか。それはとても大切なことですが、時代状況やとりまく環境によって相対的に変わっていきます。それに対して宗教は、どんな状況になっても通用する価値や意味を与えられるものなのです。

真宗のギモン 5

よく「他力本願《たりきほんがん》でなく、自分で努力をしないといけない」と言われるのですが、「他力本願」って仏教の言葉ですよね。どういう意味なのですか？

「他力」「本願」という言葉は、もともと仏教の大切な言葉ですが、いつの間にか間違った意味で使われるようになっています。このようなケースが実はたくさんあります。

かつて（１９６８年）ある農林大臣（当時）が「現行憲法は他力本願で、やはり軍艦や大砲が必要」という趣旨の発言をして、批判を受けて辞任するということがありましたし、２００２年には「他力本願から抜け出そう」というキャッチコピーの広告を出した会社が、抗議を受けて配慮が足りなかったと謝罪したということもありました。これらは、「他力」を「他人任せ」「他者への依存」「成り行き任せ」のような否定的意味でとらえているわけです。

しかし、「他力」とは仏教の言葉で、本来は「他人の力」のことではありません。人間の力を「自力」と言い、仏さまの本願の力・

はたらきを「他力」と言います。ですから「本願他力」は、仏さまのはたらきによってすべての人間が救われるようにするという、阿弥陀仏の誓願《せいがん》とそのはたらきのことです。仏が誓われた「願い」なのです。

「自力」とは、自《おの》ずから備《そな》わっている力や自然の力というとらえ方もないわけではありませんが、「煩悩《ぼんのう》を抱えた人間である自分の能力や努力」のことです。私たちはもちろん、「自ら仏に帰依《きえ》（支えとして信頼すること）し奉《たてまつ》る」と主体的に求め進んでいくのですが、多様に異なる個性や環境、また出会い等によって思いどおりに進んでいけない私たちには、なすべき「行」を完成させることは困難ですし、誰もができるというものではありません。そのことを見通された阿弥陀仏《あみだぶつ》が、すべての苦悩するいのちあるものを救おうと願われ修行《しゅぎょう》を成就《じょうじゅ》させ、その功徳《くどく》を私たちに「南無阿弥陀仏《なむあみだぶつ》」という名号《みょうごう》としてふりむけてくださっているのです。その名号を称《とな》えること（念仏）によって、私たちは阿弥陀仏の世界（浄土《じょうど》）に往生《おうじょう》して仏となる歩みが始まるのです。その阿弥陀仏のはたらき（本願力）を「他力」と言います。

他力という、できたときもできなかったときも、つまり能力や成果を超えて私が生きていることそのことが肯定される世界に出会い、そこに安心した上で、自分に与えられている能力資質を惜《お》しまず尽くしていくことが大切なのだと思います。

真宗のギモン6

「ナムアミダブツと称《とな》えるだけで極楽浄土《ごくらくじょうど》にいける」と、お坊さんが話していたのを聞いたことがあります。それじゃあ、どんな悪いことをしても「ナムアミダブツ」と称えれば、それだけでオッケーなんですか?

「ナムアミダブツ」は「南無阿弥陀仏《なむあみだぶつ》」で、「阿弥陀仏」に「南無する」（頭を下げる）ということです。

私たちのように、家庭生活を営《いとな》み、その生活の糧《かて》を得るために働き、地域を含めさまざまな関係のなかで生きる者は、仏教に専念して戒律《かいりつ》を守り修行《しゅぎょう》や学問を積み上げていくことは容易ではありません。また、そういう私たちが覚《さと》りを求めても、自分の知恵と努力で仏の境地《きょうち》に達することはできません。その私たちに対し、そういうことを見越して仏さまの方から手を差しのべてくれているのです。さまざまな仏さまがそれぞれに、安心して目的地へ行けるよう、いわば「乗り物」を用意してくれています。「大乗仏教《だいじょうぶっきょう》」の「大乗」とは「仏さまが用意した大きな乗り物」ということです。それらのなかで、阿弥陀仏の用意してくれた「（無条件に救う）乗り物」に乗せてほしいという表明《ひょうめい》が「南無阿弥陀仏」です。その表明をする者を何の条件も付けずに救うという阿弥陀仏の約束を、「本願《ほんがん》（無条件に救うという願い）」と言います。

「ナムアミダブツと称えるだけで」というのは安易な方法に感じられるかもしれませんが、これは、私たちは仏さまに救ってもらう以外に、自分の知恵と努力で覚りを開き仏になることができない者であるという、自分の愚《おろ》かさや自己中心性への徹底的な認識（自覚）からのことです。

これは救われるための手段ではありません。何か欲しいものを得るための対価を払うように、救いや好都合を求めて念仏《ねんぶつ》（南無阿弥陀仏）という対価を払うということではありません。念仏は罪を消すための呪文《じゅもん》でもありません。ですから、悪いことをしても「ナムアミダブツ」と称えれば解決できるということではありません。それどころか、自分に好都合な解決しか望まない自分の罪深さに気づかせてくれることになります。救いが約束されていることが、いわば鏡となって、救われようのない生き方をしている私の有様が露《あら》わになってくるのです。

「阿弥陀仏」に「南無する」生活は、常に阿弥陀仏とその願いを意識する生活になります。自分が仏さまから、安心して尊いいのちを尊く生きてほしいと願われている存在だと気づくと、日々の生活のなかで出会うさまざまなことが違って見えてきます。自分の言動が、仏さまからはどう見えているのだろうか。どのように生きるよう願われているのだろうかと、意識する生活が始まっていくのです。

真宗のギモン7

お内仏《ないぶつ》（仏壇《ぶつだん》）で、毎朝お参りするとき、線香やロウソクに火を点《つ》けるのに、順序が決まっているのですか？　必ずロウソクを灯《とも》さなければいけませんか？

宗派により異なる場合がありますので、真宗大谷派の場合で申しあげますと、命日や行事のとき以外、普段の毎朝のお勤めの際には、ロウソクに火は灯《とも》しません。まず、花瓶《かひん》に生花を挿《さ》し、輪灯《りんとう》を点じ、香炉《こうろ》の大きさに折った線香を火の点《つ》いた方が左になるように寝かせます。燭台《しょくだい》（ロウソクの台）には木《もく》ロウ（木でできた朱色のロウソク）を立て、火は点けません。お勤めの後にお仏飯《ぶっぱん》（お仏供《ぶく》）をおそなえし、昼までに下げます。

お寺の本堂《ほんどう》でも、家のお内仏でも、まず中心にあるのは「ご本《ほん》尊《ぞん》」です。そしてその前に台を置いて、その上に左から花瓶・香炉・燭台が置かれます。仏具やお供《そな》えは多様にありますが、これが基本となります。古代インド以来連綿と続いた、仏さまを讃《たた》え、私たちに届いた仏さまからの智慧や慈悲を表す方法だと思います。

特に浄土真宗における荘厳《しょうごん》（仏さまの前やご本尊が安置されている場を、おごそかにきちんと整えること）は、浄土《じょうど》のはたらきや相《すがた》を表すものとして大切にされてきました。たとえば、香と花と灯《とう》明《みょう》は、阿弥陀仏の「清浄《しょうじょう》・歓喜《かんぎ》・智慧光《ちえこう》」の徳を表すとの考え方もあるようです。

また、「生花」は、同じものが無く、それぞれに輝く生命力を感じさせますし、同時にいずれ枯れる花として「諸行無常《しょぎょうむじょう》」を感じさせます。

「香」は場を清浄にするはたらきがあります。我々人間の濁《にご》った身心を清める浄土のはたらきや仏さまのお徳《とく》が、平等に私たちの隅々まで届いていることを感じさせます。

「ロウソク」や「輪灯の光」は、私たちの無明《むみょう》の闇を破る仏さまの智慧のはたらきを表現していると言われています。また、「心に火が灯《とも》される」という表現があるように、真実に目覚めた方から灯してもらった火を、また有縁の人へと、人から人へ灯していただいてきた歴史があります。

もちろん、根本は私たちが仏前に身を置いて、ご本尊に向かい合《がっ》掌礼拝《しょうらいはい》し、お念仏《ねんぶつ》申すことです。

真宗のギモン 8

浄土真宗では「報恩講《ほうおんこう》」が一番大事な行事だと聞きましたが、どういう行事ですか？　そんなに大事な行事なのですか？

報恩講は、念仏（南無阿弥陀仏《なむあみだぶつ》）を称《とな》えることで誰もが阿弥陀仏に救われるという教えを実践し、人々に伝えた親鸞聖人《しんらんしょうにん》（1173〜1262年）の御命日《ごめいにち》である11月28日（本願寺派と高田派は1月16日）に勤める御仏事です。各本山《ほんざん》では親鸞聖人の「御正忌《ごしょうき》報恩講」と呼び、御命日までの一週間営まれます。

もともとは、親鸞聖人の教えに遇《あ》うことで、人間として生きることの深い感動と意欲を見出《みいだ》した人びとが、阿弥陀仏や親鸞聖人のご苦労と恩徳に報《むく》いる気持ちで集って仏法を聞き、互いに信仰を確かめ合い、自分勝手な教えの理解を正す集まり（講《こう》）でした。その集まりが、本願寺第3代覚如上人《かくにょしょうにん》が『報恩講私記《しき》（式）』を著して以来、「報恩講」と呼ばれるようになりました。

全国の別院《べついん》や寺院・関係学校、さらには門徒の各家においても一年間で最も重要な法要として、毎年欠かさず数百年にわたって、最も重い形式で荘厳《しょうごん》（お飾り）し、親鸞作の「正信偈《しょうしんげ》」や「和讃《わさん》」にてお勤めしてきました。

報恩の「恩」とは、インド語「カタンニュー」の訳語で、意味は「我がために為《な》されたるを知る」です。仏さま（阿弥陀如来《にょらい》）が「私のために」光を届け、はたらいてくださり、「私のことを」案じ願ってくださっている、そのことに気づいていく。それを契機として、今ここに生かされてある自分自身を支える一切の「おかげさま」に思いを寄せ、生まれた意義と生きる喜びを確かめ、思いどおりにならないことの多い人生（逆境）を、教えを頼りとして、ごまかさず誠実に生き抜いていける、そういう方々の歴史があります。

与えられた環境や条件に、他者や過去と比べて、自己都合（損得勘定）というところから一喜一憂している私たちは、人間の価値を機能（何をどのくらいできるか）や社会的ポジションで見ていますが、「あなたは存在そのものとして無条件に尊い」と、無限絶対的な自分の存在意義が呼びかけられていることに出遇って、国や経済の組織の材料としての「人材」から、「人間であること」を取り戻していくのです。

その親鸞聖人の教えを確かめ直して、感謝とともに自分自身を振り返り、生き方を問い直すのが「報恩講」という行事です。ぜひ、努めて毎年足を運び、心静かに親鸞聖人の教えに耳を傾けていきたいものです。

コラム

仏教にまつわる年中行事

「花《はな》まつり」や「報恩講《ほうおんこう》」のほかにも、
さまざまな年中行事があります。

修正会《しゅしょうえ》

年の初めに、1年間の歪《ゆが》みやねじれを正す（本来に戻す）ことを心がけて行う行事です。大切な仏教の教えも、勝手な解釈をしたり、聞きかじったままであったりしがち。新年には、正しい教えを確かめましょう。

お彼岸《ひがん》

正しくは「到彼岸」といい、「波羅蜜多《はらみつた》（パーラミター）」の意訳です。彼岸（向こう岸＝覚りの世界＝浄土）を目指して進んでいこうということ。太陽が真西（極楽浄土があると考えられた）に沈む3月の春分と9月の秋分を中日とし、前後3日を合わせた7日間に行う行事です。全国のお寺では、彼岸会法要に合わせて「永代経《えいたいきょう》」や「祠堂経《しどうきょう》」の法要を勤められることも多いようです。

お盆《ぼん》

安居《あんご》（出家《しゅっけ》者の研修）の最後の日、旧暦7月15日を盂蘭盆《うらぼん》と呼んで、その日に祖先供養の行事を行う風習が日本各地でよく見られます。旧暦7月15日や月遅れの新暦8月15日に行うこともあり、盆踊りや地蔵盆、送り火など、地方ごとにさまざまな風習が行われます。

4

まだまだあるある みんなのギモン

まだまだあるある
みんなのギモン 1

実は、高校生になってから、つらいことが多くて、悩んでばかりいます。いろいろ考えていると、ふと、「人は死ぬのに、なぜ生きなくちゃいけないいんだろう？」と思ったり…。宗教はそんな疑問を解決してくれますか？

「人は死ぬのに、なぜ生きなくちゃいけないんだろう?」。それこそが、宗教の問題なのです。宗教は頭(脳)で考えたことだけではなく、いのちの営《いとな》みのすべてについて問い返すものなのです。私たちが悩むのは、頭で考えられる範囲でのことです。そんな悩みを抱えている私のなかでは、絶えず心臓が身体中に血液を送っています。その鼓動はまさに「生きよ、生きよ」と聞こえませんか? 肺も胃腸も、身体中の細胞が疑うことなく生きようとしています。そのいのちの声に耳を傾けることなく、私たちは頭脳だけで生きようとしているのではないでしょうか。

人生を考えるとき、宗教は「死」から問われながら考えていきます。「死」はいつどんな形でやってくるかまったくわかりません。死によってすべてが無に帰してしまうように思うかもしれませんが、そうでしょうか。すでに亡くなられた身近な方について、まったく何の記憶も思い出もないという人がいるでしょうか。一人の「死」の前には確かに一つの尊い人生があったのです。学校で学ぶ歴史は、かって生きた方々によって「死」の前になされたことの記録です。いのちは生まれる前から死んだ後まであって、また他との関係で成り立っているのです。

あなたのこれまでを振り返ってみてください。それは誰かに支えられて成り立っていたことでしょう。そして同時に間違いなくあなたが誰かや何かを支え成り立たせています。死んだ後も、そういう関係は残っていきます。あなたの存在は必要なのです。

私たちは、いつどんなふうに死ぬかわかりません。しかし、わからないからこそ、今をしっかりと生きるということに意味が出てくるのではないでしょうか。今、与えられた場で、なすべきことを精一杯やっていく、そのことをとおして、あなたを支えている場が生きる意味や役割を教えてくれるでしょう。

人間は、どんな状況にあっても、本来無条件に尊いと仏教では教えられています。ただ私たちは環境や条件、人間関係など無限の要素の関わりのなかで生きていますので、自分の思いどおりになることはほとんどありません。また、どんな人にもそれぞれ異なった感情や思いがあり、そこから見たり評価することしかできません。そのように生きていますから、つらくて悩まずにはいられないことも多くあるのです。

ときには深呼吸をして、青空を見上げたり月や星を眺めたり、どうしてもというときは一時避難することもあっていいと思います。

ご飯を食べるときに「いただきます」と言って手を合わせるけれど、あれは宗教と関係あるのですか？

そうですね。手を合わせるのでそう思われたのでしょうか。

人間が生きていくためには、食べ物を食べなければなりません。私たちが食べている食べ物は、そのほとんどが、少し前まで生きていた動植物ですね。さらに、小さな魚の「おどり食い」のように、生きたまま口に入れて食べてしまうことさえあります。サラダなどの生野菜も、考えてみると生きているのです。細胞が生きているから瑞々《みずみず》しい食感があるのでしょう。

さて、「いただきます」は、誰が何をいただくのでしょうか。私のいのちの存続のために、他の「いのち」をいただくのですね。食事は生命の受け渡しの営《いとな》みです。目の前の料理の食材となった「いのち」に向かって「申し訳ありませんが、私が生きていくために、あなたのいのちを頂戴《ちょうだい》し、今後はあなたのいのちとともに生きていきます」ということでしょう。摂取した「いのち」は、私のいのちと不可分に一体化します。私たちはこれまでいただいてきたたくさんの「いのち」とともに生きているのです。ですから、いただいた「いのち」への責任があります。

そういうことからいえば、「いただきます」の習慣は、特定の宗教・宗派の作法ということではありませんが、いのちに対する尊重や畏《い》敬《けい》という意味で宗教的行為といえるでしょう。本来はわたしのいのちの維持のために生まれてきたわけでもない動植物を、生きることを中断させて、いただいたわけです。尊いいのちを中断させて「ごめんなさい」という謝罪でもあり、食材となってくださって「ありがとう」という感謝の表明でもあります。

そういうところに立ってみると、いのちである食材を粗末に扱ったり、無駄に捨てたりすることになったら、「いのち」に失礼ですね。不必要にたくさんの食材を用意して結局は無駄にしたり、食べ散らかしたりすることは慎《つつし》まねばなりません。地球上には、栄養失調や飢《き》餓《が》で亡くなる多くの方がいます。その無駄に捨てられた「いのち」は、有効に届けば誰かのいのちを支えることになったはずなのです。

食前には、いただく「いのち」に「いただきます」と言い、食後には、その「いのち」をいただいたことへの心からの痛みと感謝を表すとともに、その食事を用意してくださった方々に対して「ご馳《ち》走《そう》さま」（馬で走り足で走って用意してくださり、ありがとうございます）と御礼を言うのです。食事をとおして、「いのち」について考えたり話し合ったりしていただきたいものです。

まだまだあるある
みんなのギモン 3

大学受験を控えているので、神社で合格祈願をしたのですが、効き目はありますか？　お寺で仏さまにお願いしても、同じ効果がありますか？

受験を前に、不安はありますよね。「人事《じんじ》を尽くして天命《てんめい》を待つ（盡人事而待天命）」という古い中国の言葉があります。やるだけのことはやったのだからと、良い結果を期待しているときの気持ちの表れとして使われます。好結果が見込まれていて、それに向かってやりとげたという感じでしょうか。何もやらずに、またやったのに中途半端だとすると、こういう言葉にはなりません。

私たち人間の知恵では、将来を正しく見通すことはできません。確実な未来は保証されてなく、できる限りのことをやっても、一抹の不安が残ります。大丈夫かなと思っていても、絶対ということはないので、人間の力を超えた何かにすがりたい。祈らずにはいられない。そういう気持ちになります。実際にその効果があるのかは、多分あなた自身も本気で信じているわけではないのでしょう。ただ、祈らないことへの不安から、念のためということかもしれません。

その合格祈願に、近所の神社と学問の神様として有名な神社とで効き目は違うのでしょうか。もし合格祈願に効き目があって、本来なら合格できない誰かが合格できたとして、それをあなたはどう思いますか。受け容れられるでしょうか。

祈る行為は、人間の知恵と努力がすべてだと傲慢《ごうまん》になっていたと気づいて、人間の限界を超えたはたらきに対して謙虚に頭を下げることです。宗教は、自分の人生が自分に都合良く進むのを支援するものではありません。むしろ、教えが鏡となって、そういう求め方の抱える問題性に気づかせてくれるものです。都合良く進むことができてもできなくても、大事な人生を大事に生きていけるのかが問題になります。

明治時代の宗教家・清沢満之《きよざわまんし》は「天命《てんめい》に安《やす》んじて人事《じんじ》を尽くす」（『転迷開悟録』）と言っています。結果を思い煩《わずら》わず、安心して自分のできることを惜しまず尽くすことです。どの結果も私たちに大切なことを教えてくれます。まずは「目標の学校へ受験するところまで来ることができました。ありがとうございます」というところから出発してはいかがでしょうか。

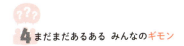

まだまだあるある
みんなのギモン 4

鏡が割れると縁起《えんぎ》が悪い、不吉なことが起きると言われますが、「縁起」って何ですか？

本当にそんなことがあるのですか？

仏教は、古代インドでお釈迦《しゃか》さまが真実に目覚めてブッダとなり、人々が目覚めるよう言葉で語りかけ、それが感動をもって受けとめられることから始まりました。その真理《しんり》というのは、「縁起の法」であったと言われます。「縁起」とは、あらゆる存在や現象は他と関係しながら成立するということです。起こっている事物は、必ず原因があってそれが「縁」にふれた結果であり、また現象や存在はお互いに関係し合って成り立っているということです。

それは無数の因や縁によりますから、それ自身単独では成り立ちません。常に変化し続けます。予測しがたく、過去の因縁すべてを正しく知ることもできません。

私たちはすでにある関係のなかに生まれ、関係のなかで育てられてきました。今も、時間的にも空間的にも、さまざまに関係しながら生きています。よく「生かされて生きている」と言われますが、同時に「(誰か何かを)生かして生きている」という相互依存の関係にあるのです。

私たちは、いつも、物事が自分に都合良くあってほしいと願いながら生きています。しかし、縁(出遇《であ》い)を選ぶことはできません。ですから、物事は思いどおりには進みません。ある意図をもって取り組んでも、「こんなはずではなかった」となりがちです。つまり、未来はどうなるかわからない部分を含んでいます。逆に、起こったことの責任と言われても、努力不足と責めるだけでは済まないこともありますね。

物事の先行きが見えないということは、人間に不安を与えます。あるいは、起こった不都合について、遡《さかのぼ》って思いあたる悪い原因を自分の外に探そうとする心もはたらきます。本当のことはわからないのに、思い込みや風聞《ふうぶん》で、よくない（不吉な）ことを招《まね》くと想像して、世間では「縁起の悪い」ことや言葉として設定されていきました。結婚式をはじめ、さまざまな場面で「忌《い》み言葉」（縁起の悪い言葉）が、忌避《きひ》され、拡大していきます。そのように先に述べた「縁起」の意味が変化して使用されていったのです。

もちろん、未来がどうなるかはわからないので、何の心配もないということにはなりません。また、発した言葉が暗示となって、引きずられることもあるでしょう。あえて不安をあおることは慎まねばなりませんが、根拠のない伝聞や習俗に振り回されず、自分でしっかりと真実を確かめながら進んでいくことが大切です。

まだまだあるある
みんなのギモン
5

おじいちゃんから、わが家は仏教徒だと教えてもらったのですが、仏教徒は、お正月に神社へ初詣《はつもうで》に行ったり、クリスマスやハロウィン・パーティに参加したりしてはだめなのですか?

親鸞聖人《しんらんしょうにん》は、自分の宗教的信念がはっきりしたことを、「雑行《ぞうぎょう》を棄《す》てて本願《ほんがん》に帰《き》す」と表現されました。宗教の根本は「帰す」ところがはっきりするということです。「帰す」とは、自分の存在を支えてくれている本当に頼りになる世界に出遇《であ》って、それを頼りとして生きるということです。生きていく足の置き場（立脚地）が見つかり、そこに立って生き始めることができたということです。「帰《き》依《え》」とか「帰命《きみょう》」「帰敬《ききょう》」とも表現されます。また『往生要集』という書を書いた源信僧都《げんしんそうず》は、そのなかで、人間が最も生きていくことがつらくなる状況、つまり「地獄《じごく》」を、「我今帰するところ無く、孤独にして同伴無し」と表現しています。

さて、神社への参詣《さんけい》や教会でのクリスマス（キリスト降誕《こうたん》のミサ）への参加は何のためなのでしょうか。「ものごとが自分に都合良く進みますように」と、仏さまだけでは足りないかもしれないから、他の神様などにもお願いをしておこうということなのでしょうか。自分の人生についての根本のところで、何に帰すのかがはっきりしていれば、他に神頼みは必要ありません。ですが、仏教徒の家で、仏教の教えにふれるチャンスは多くても、あなた自身が仏教徒と言えるところまではっきりしていないのかもしれませんね。

クリスマスやハロウィンなどは、友達と楽しむためのイベントということが中心で、あまり宗教的な行事に参加しているという感覚はないと思います。本来、自分の人生の一大事についてどこに帰すかということが揺るぎなくはっきりしていれば、クリスマスや地域のお祭りなどへの参加に、そう目くじらを立てることもないのではないでしょうか。

現代日本では、他にも「バレンタインデー」から節分《せつぶん》の「恵方《えほう》巻き」、「パワースポット」「干支《えと》」「血液型」「星座」等や、スピリチュアルな癒《いや》しなど、根拠の怪《あや》しいこともいろいろと喧伝《けんでん》されていますが、あまり振りまわされずに、自分がしっかりと立てる立脚地（大地）に出遇うことが大事だと思います。

???

まだまだあるある
みんなのギモン 6

「他人様《ひと》に見られていなくても、仏さまが見ているよ」とおばあちゃんに言われるけど、そんなことって本当にあるのですか?

何かいけないことをしたときに、他人には見つからなくても、どこかで何かに見られているような後ろめたさがありませんか。かつては、「(仏さまが)見てござる」とか「天知る地知る」とか「お天《てん》道様《とさま》が見ているよ」とか言われていました。

今、私たちは自分の目で見えるものだけしか信じられないと思っていますが、一方で、何かしらどこかからの願いを視線のように感じることもあります。私たちには、「見てもらっている」という安心感を求める心があるのです。

現実的に、私たちはいつも、他人からの評価に一喜一憂しながら生きています。何をしたのか、どのくらいできたかがさまざまに評価され、時にはそれによって悩み苦しんだり、いやになったり、有頂天になったりします。小学校以来、先生などの大人による評価が自分の価値だと思いながら成長していき、評価する側の物差しに自分を合わせていくことが身に付いてしまいます。そこで、自分が不当に低く見られているのではないかと疑心暗鬼になったり、よく見てもらおうと無理して振る舞ったり、見られたくないことは隠したりします。

もし、本当に仏さまが見ているとしたら、私たちのことをどのように見ていただいているのでしょうか。

海に氷山が浮かんでいる様子を思い浮かべてみてください。実は、私たちの目で見えるのは「氷山の一角」です。その氷山のほとんどは水面下にあって見えません。人間の目で評価される対象は、そのごく一部の海面上の姿です。そのわずかだけをもって他と比べているのです。見えている部分が、「成果（したこと・できたこと）」「能力」「外見」等です。実は、圧倒的な大部分は水面下の見えないところで、黙《だま》って「見える部分」を支えています。「尊いいのちの営《いとな》み」がそこにあります。「尊い」は「強い」「早い」などと異なり、優劣・高低・主従はありません。しかも、その氷山全体が浮かんでいられるのは、海が支えているからです。そのことに気づいてほしい、そこに安心してほしいと、そのすべてを見て応援してくれているのが「仏さまの眼《まなこ》」ではないでしょうか。見られないように隠していることも、仏さまは見抜かれていて、それも含めて「尊いあなた」と認められ、尊く生きるよう願いがかけられているのです。

人間の眼で見えないところまで、仏さまが願いとともに見てくださっていると安心して、できることを精いっぱいやっていきましょう。

まだまだあるある
みんなのギモン 7

学校で今、いじめが起きていて、とてもイヤだけど、自分には止める勇気がありません。お釈《しゃ》迦《か》さまや親鸞《しんらん》さまの周りでは、そういうことはなく、みんな仲良くしていたのでしょうか？

お釈迦さまも親鸞さまも、人間のもつやっかいな感情のぶつかり合いのなかで、どう生きればよいかと悩まれました。

人間には、どうしても優越的でありたいとか、自分が主導権をもちたいとか、自分の思いどおりに事を進めたいという思いがあります。また自分が「この進め方がうまくいく」と考えたときに、それに賛同しない、あるいは足手まといになる人を疎《うと》ましく思います。そういう者が同じところにいると、強い方や多数派が、弱い者や少数派に対して支配的になり、いじめや無視や排除の形をとることがあります。自分が優位に立つために、不都合な誰かを犠牲にしてしまうのです。それは、いじめた側が人間性を失った姿ですが、本人は気づきません。

お釈迦さまは人間のもつそういう傾向をよく観察されて、お互いを尊重しながらともに生き合うための教えを説かれました。当時、カースト制度という差別的な階層社会のなかで生き、出家《しゅっけ》前の身分にこだわる者に対して、お釈迦さまは、生まれによる差別を一切認めませんでした。お釈迦さまは、争わずに生きることを求められ、そのために実践すべきことを教えられました。他者のためにできることを行うこと、約束を守り合い尊敬し合うこと、怒りや憎しみを引きずらず許すこと、駆け引きをせず誠実に尽くすこと、心を静かにして出会ったことにちゃんと向き合うこと、自分の都合によらずありのままに見ようとすることなどです。

仏教は、自分も他者もともに弱い者同士であり、かつ尊い者同士であると教えます。そこで気づかされることは、いじめている人が傷つけているのは相手の尊さだけでなく、本人自身の尊さでもあるということです。そして、自分のなかに、「私の好都合のために、他者に不都合を強いる心がある」と気づくことができれば、他者との関係は変わっていくでしょう。

いじめが行われているのに、何もせず傍観しているのは認めていることになります。一人では止めにくいでしょうから、同じ思いの人とともに、みんなで考えるために話し合うことを提案されてはいかがですか。それによっていじめにブレーキがかかったり、深刻になる前に止まることにつながると思います。

まだまだあるある
みんなのギモン 8

親戚の方が亡くなりました。お葬式《そうしき》は、家族などの近親者だけで行う「家族葬」にするそうです。お葬式にもいろんな種類があるのですか？

古来から集団で生活している者は、人が亡くなると必ず「弔《とむら》い」をしてきました。それは、残された者がともに生きていくために必要なことで、必ずしも個人だけのプライベートなことではありませんでした。私たちは、人生のそれぞれの段階で、出会いと別れを繰り返します。家族を中心とした関係のなかに生まれ、成長過程や地域や職場等々で、深浅はあっても必ず「つながり」のなかに生きています。相互に強い関係をもって生きてきたなかで誰かを喪《うしな》うことは、残された者にとって大きな喪失感となります。その死を受容し再スタートを切るためには、亡き人の人生を尊い事実として共有し、感謝の気持ちを心に刻みつけることが必要なのです。

現代は時代の流れとともに、葬儀（葬式）の在り方も、家族などの近親者だけで行う「家族葬」をはじめ、さまざまなスタイルが生まれています。亡くなられた年齢や交友関係の広さ、親密さによって、直接にお別れを望まれる方の数や範囲が自ずと出てきますから、家族だけでという選択肢もあるのかもしれません。

しかし、葬儀の場で、会葬者《かいそう》や弔問者《ちょうもん》から、自分の知らなかったエピソードや、イメージと異なる面を知らされて、亡き人と出会い直しをすることもあります。また多くの人がお別れに来てくれたという事実が、慰《なぐさ》めや励ましを与えてくれることもあるでしょう。さらに七日毎《ごと》に集まって亡き人を偲《しの》ぶなかで、集まった人の話題は、昔話から今の話へ、そしてこれからへと移っていき、徐々に大切な方の死を受けとめることができるのではないでしょうか。人生には、生まれる前も亡くなった後もあります。私が生まれる以前の長いいのちの歴史という事実があり、また亡き後も多くの人の心のなかで生き続けていくのです。

もしあなたが、遠くへ行ってしまい帰って来られないとしたら、誰とお別れの言葉を交わしたいでしょうか。死にゆく者は残される者に、盛大な葬儀は希望できません。大切なことは、亡き人の意志を尊重しながらも、残された者がその人の人生をよく考えて葬儀をなさるのがよいと思います。かかる経費の多寡《たか》だけで考えると後で後悔することにもなりかねません。もちろん、死に伴って多くの事があり、さらに儀式や接待などに忙殺《ぼうさつ》され、死を静かにかみしめるような状況にならないかもしれません。お寺さんとも、葬儀だけのつきあいでなく、日ごろからお話を聞いたり、疑問をぶつけたり、「いのち」を一緒に考える関係を築いておくことが大切だと思います。

まだまだあるある
みんなのギモン
9

おばあちゃんから「お寺は祈るところではなく、お礼を言うところだよ」と言われました。でも、先に願い事を言わないと、後からお礼だけ言っても効果はないですよね？

私たちは、どんなときに祈るのでしょうか？　自分の思い考えたことがうまく実現してほしいと願うときではないでしょうか。ただ、その祈りが「自分に都合よく」という気持ちから出ているとすると、それは「他の人には不都合」ということで成り立つことが多くあります。

数量の限られたものを私が手に入れることは、それを得る機会を他者から奪うことになります。儲《もう》かったときは、損を他者に押しつけているのかもしれません。勝ちますようにという祈りは、相手が負けますようにという呪《のろ》いになりませんか。私たちは、何かを得るために、あるいは実現するために、対価として何かをするものだと思っています。そういう「祈り」は、その裏側に「呪い」を含んでいることが多くあります。お寺や、家のお内仏《ないぶつ》（仏壇《ぶつだん》）は、むしろ

「自分さえ良ければいい」と思う、自分のそういう求め方に気づかせてくれるはたらきがあります。

私たちはいつも「私は」「私が」と、私を主語にして考え判断しています。そうすると私が考えたとおりに進みますように、私が願うことが実現しますようにと、所有欲・支配欲を満たすための「祈り」の発想になります。それに対して、お寺の本堂《ほんどう》やお内仏の前に身を置いて、仏さまの願いやはたらきに思いが向くと、「私が」というよりも「私のために」とか「私のことを」と、関心の向きが逆方向になります。その方向で、私のためになされてきたことをあらためて考えてみると、生んでいただき、食べさせていただき、遊んでいただき、学ばせていただき、躾《しつ》けていただき、関係をもっていただき等々、どれほど恵まれてきたか、いただいてきたかに思いが至ります。もう少し視野を広げると、太陽に照らしてもらい、大地に支えてもらい、限りない自然の恵みに包まれていたことに気づくでしょう。あらゆる人や物や事柄に支えられ包まれて私の生が成り立っていたことに目が向くと、そこに喜びと感謝の気持ちがわいてきませんか。

そういうことに気づいてほしいと願って、「お寺は祈るところではなく、お礼を言うところだよ」とおばあちゃんはあなたに言っておられたのでしょう。大事なことに気づかせていただける大切な言葉ですね。

● **真城義麿**（ましろ　よしまろ）

1953（昭和 28）年、愛媛県生まれ。大谷大学大学院修士課程修了。真宗大谷派四国教区善照寺住職。元大谷中・高等学校長（京都）。著書に、『安心してがんばれる世界を』、『あなたがあなたになる 48 章』、『お誕生おめでとう 生まれてくれてありがとう』、『成人したあなたへ』、『仏教のぶっ』、法話 CD『幸せの見つけ方』（以上、東本願寺出版）等多数。

イラスト●林ユミ
デザイン●佐藤紀久子（株式会社ワード）

仏教《ぶっきょう》なるほど相談室《そうだんしつ》

2019（令和元）年 11 月 28 日　第 1 刷発行

著　　者　真城 義麿
発 行 者　但馬　弘
編集発行　東本願寺出版（真宗大谷派宗務所出版部）
〒 600-8505　京都市下京区烏丸通七条上る
TEL 075-371-9189（販売）　075-371-5099（編集）
FAX 075-371-9211
印 刷 所　シナノ書籍印刷株式会社

ISBN978-4-8341-0609-1　C0015